Mi primer diccionario ilustrado de español

En el ... cocina
En el cu ... l salón
¡A ... garaje
¡Vamos ... l jardín

o

isa

Ilustraciones de Federica Jossa
Versión española de Silvia Cortés Ramírez

Impreso en Italia - Tecnostampa Recanati - 02.83.076.0

ISBN 88-8148-829-9

ELI

la silla

En el dormitorio

Son las siete. ¡El despertador suena pero Pedro y Susana duermen todavía! El gato Pelusa ya está despierto pero, ¿dónde está? ¡Encuéntralo!

Colorea la manta de Pedro de color naranja y la manta de Susana de color amarillo.

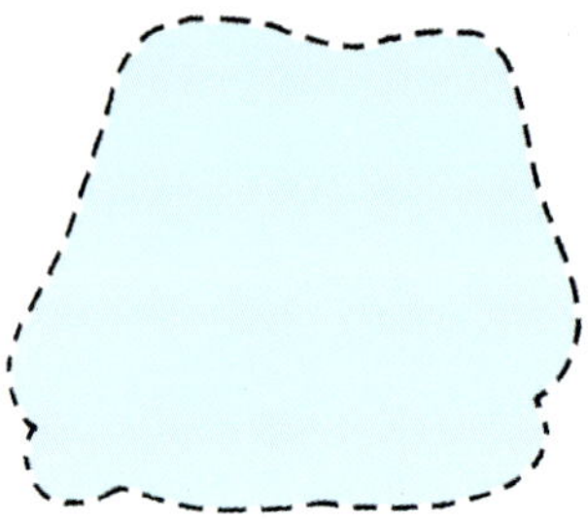

la manta

el póster

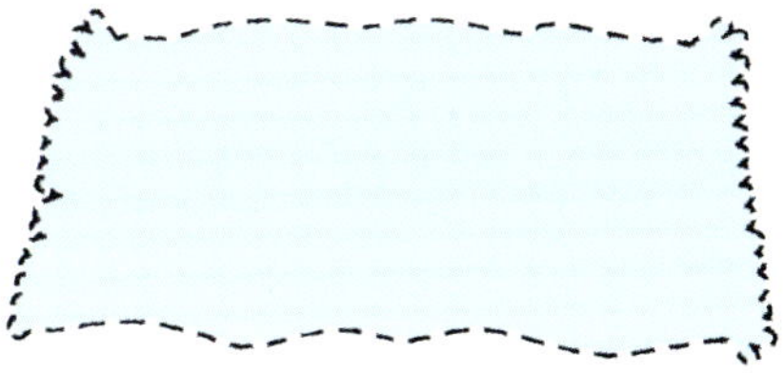

el tapete

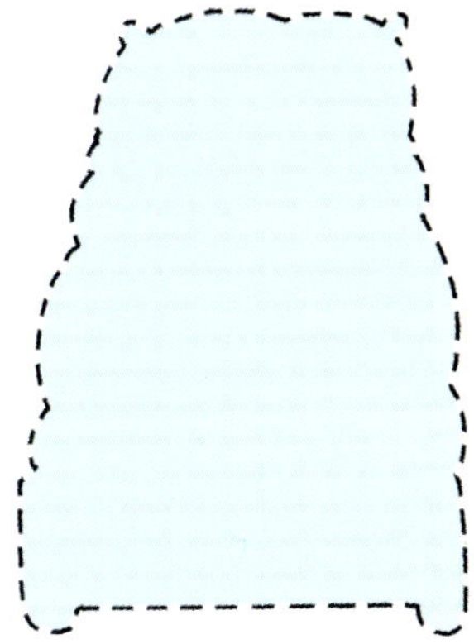

la cama

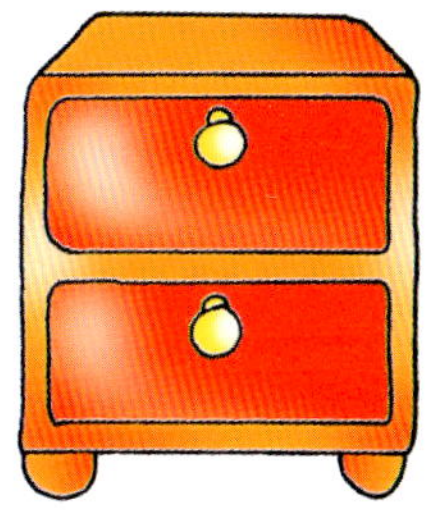

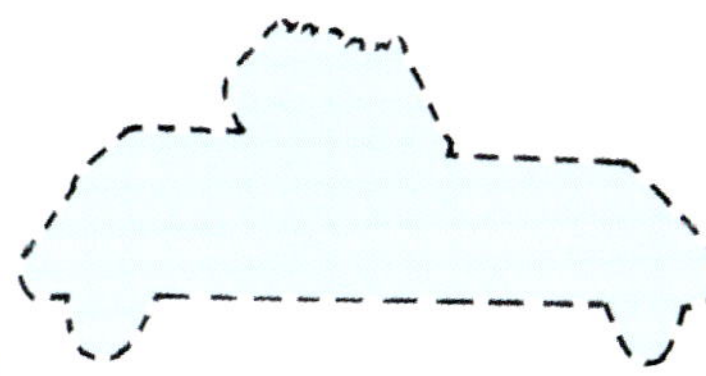

la repisa

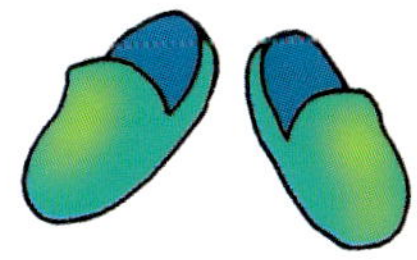

el pijama

el espejo

En el cuarto de baño

Pedro y Susana están en el cuarto de baño. Susana se cepilla el pelo y Pedro se lava los dientes. ¿Dónde está la toalla roja

Colorea el albornoz grande de color rojo y el albornoz pequeño de color azul.

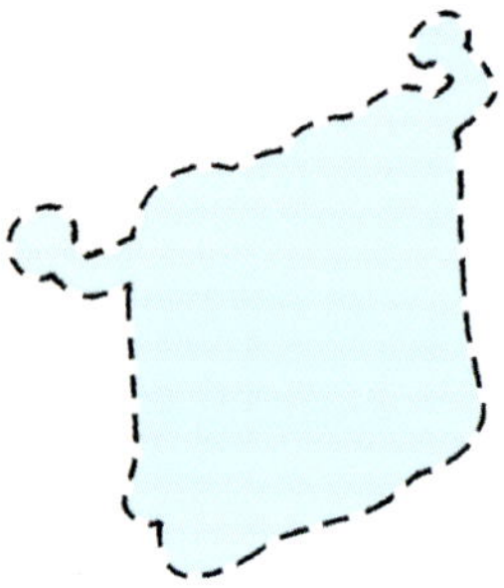

la toalla

el albornoz

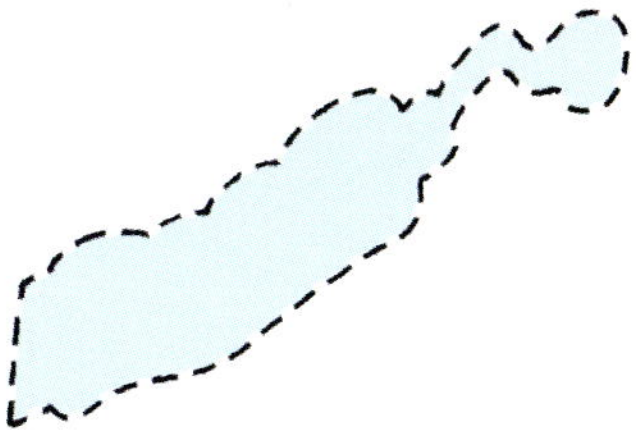

la pasta de dientes

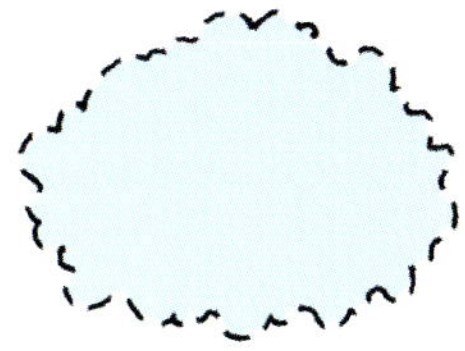

la esponja

la pastilla
de jabón

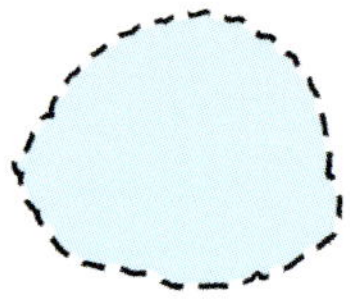

el gorro

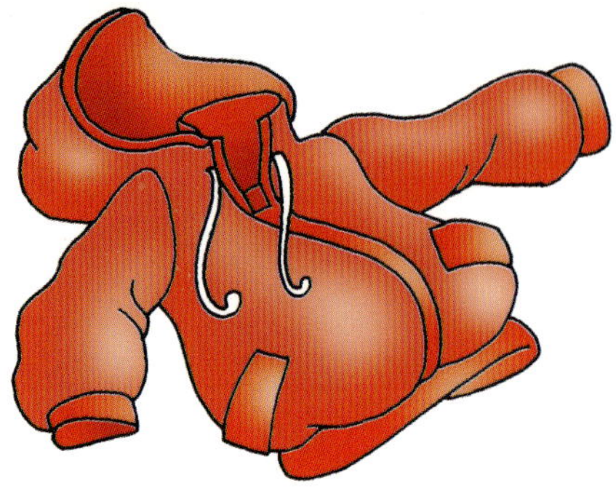

¡A vestirse!

Susana y Pedro se visten.
Pedro no encuentra un calcetín. ¿Sabes dónde está?
Encuentra el calcetín de Pedro y coloréalo como el otro.

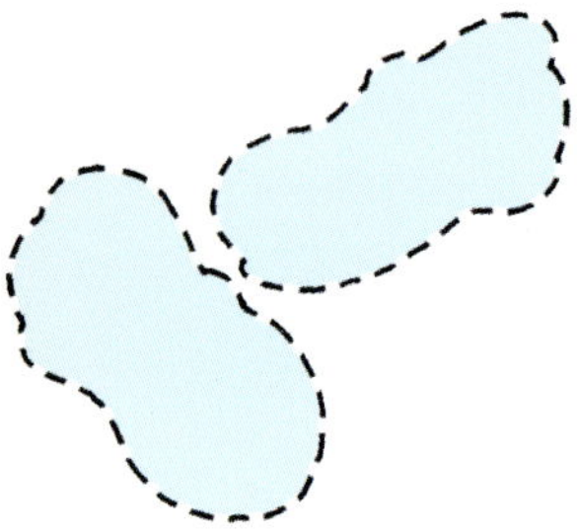

los zapatos

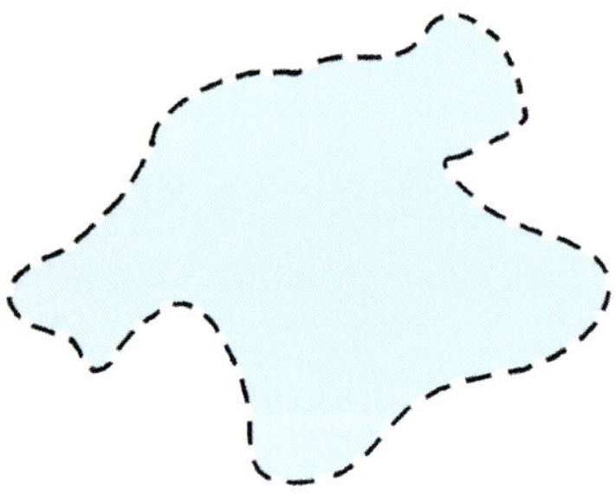

la camiseta

la sudadera

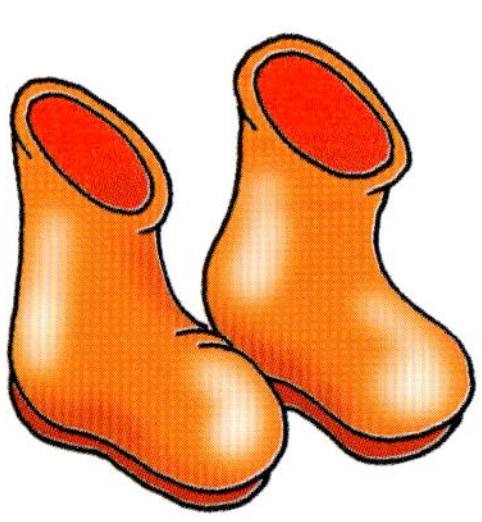

la camisa
la bufanda
el jersey

la mermelada

el zumo de naranja

¡Vamos a desayunar!

Pedro y Susana desayunan.
¿Qué desayuna Pedro?
¿Qué desayuna Susana?

¿Y tú? ¿Qué desayunas?

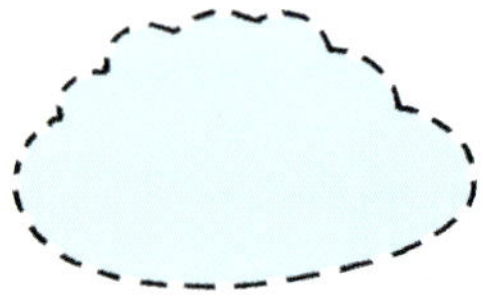

las galletas

el té

el despertador
las zapatillas
el escritorio
el armario
la almohada
la mesilla de noche

la ducha
el váter
el lavabo
el secador
el cepillo
la bañera
el cepillo de dientes
el peine

los pantalones
el vestido
las bragas
las botas
el peto
los calcetines
los leotardos
la falda
el anorak

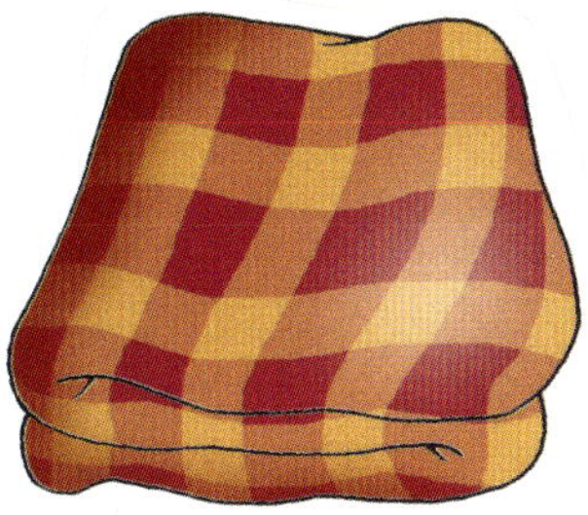

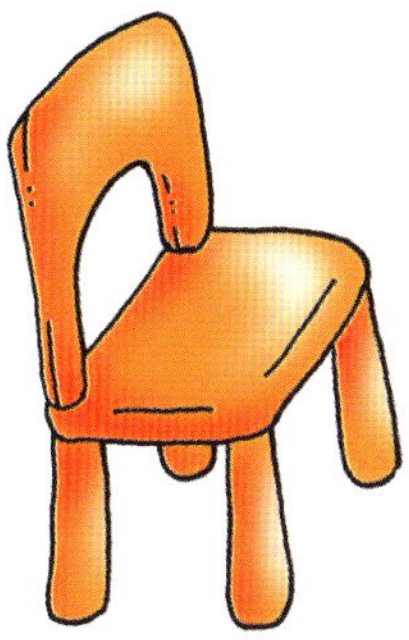

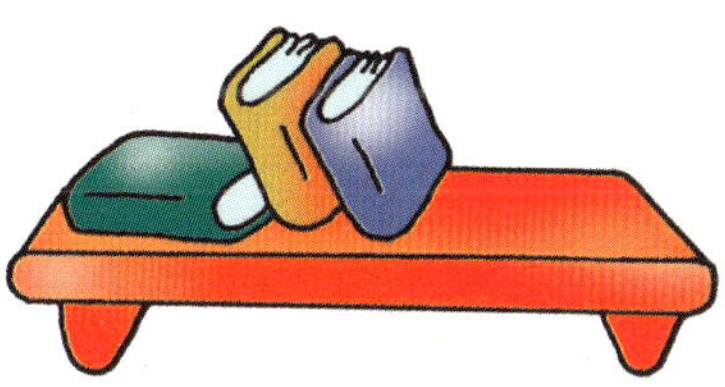

la silla
el vaso
la leche
la mantequilla
la botella
la mesa
el yogur
el pan
el café

el sofá
las cortinas
el televisor
la planta
la puerta
la alfombra

el tren
la bicicleta
el avión
el casco
el coche
la motocicleta

las hojas
el árbol
el pájaro
la araña

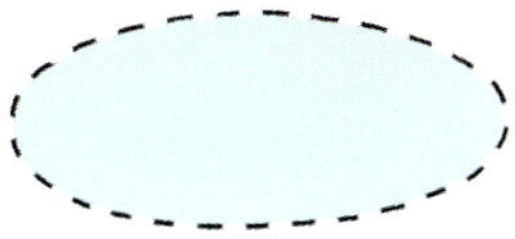

el plato

la taza

En la cocina

Observa el dibujo de la página 8 durante un minuto. Luego, observa el dibujo de esta página. ¿Ves las diferencias?

Colorea la mesa y las sillas.

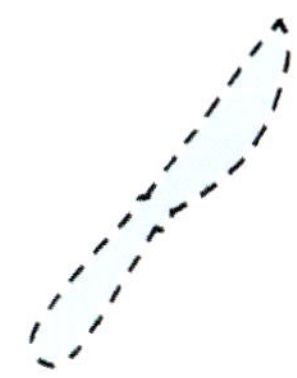

el cuchillo

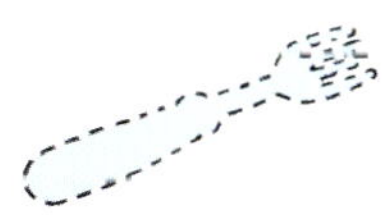

el tenedor

la cuchara

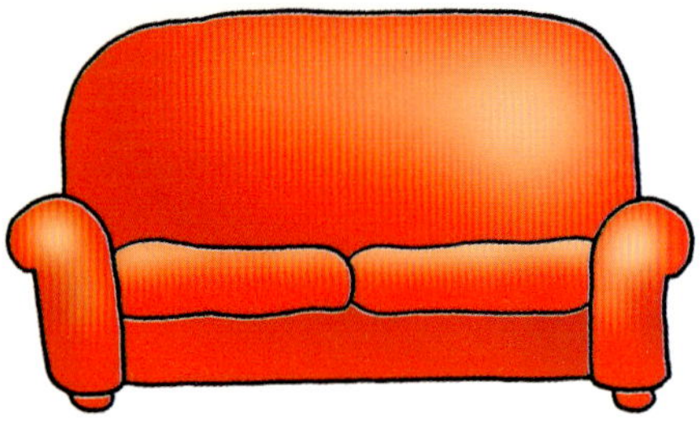

el cuadro

En el salón

Pedro y Susana están en el salón con su padre y su madre. Pedro escucha un cuento y Susana habla por teléfono pero, ¿qué hace Pelusa?

Colorea el sillón con tu color preferido.

el sillón

el teléfono

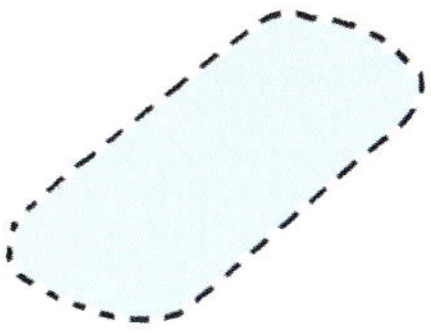

el mando a distancia

la librería

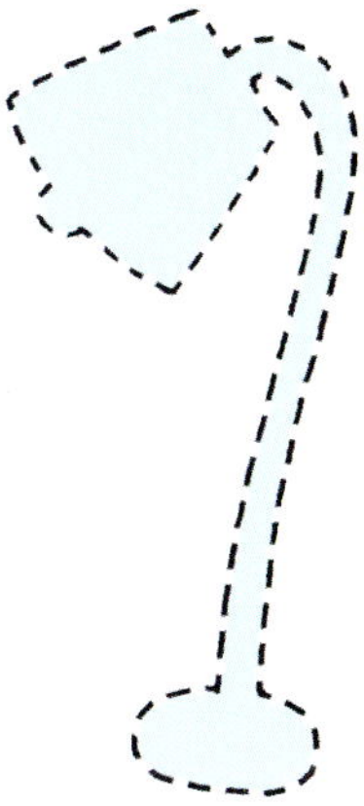

la lámpara

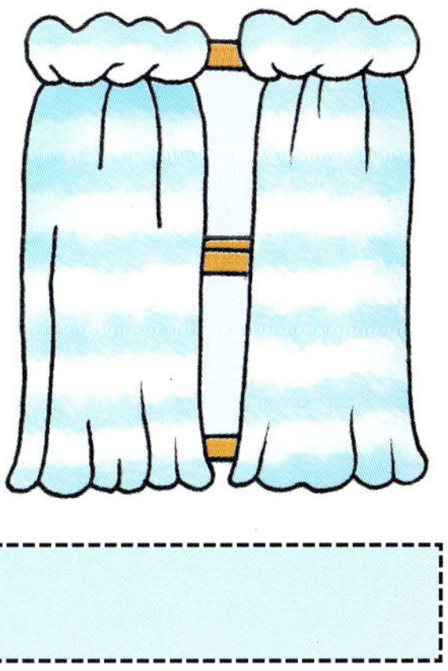

la ventana

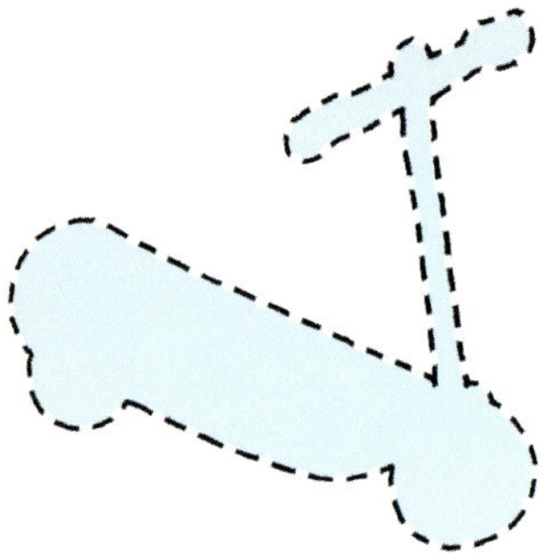

el patinete

los patines

En el garaje

¡Mira! Susana y Pedro están en el garaje. ¿Dónde está Pelusa? Colorea el coche grande de color amarillo y el coche pequeño de color rojo.

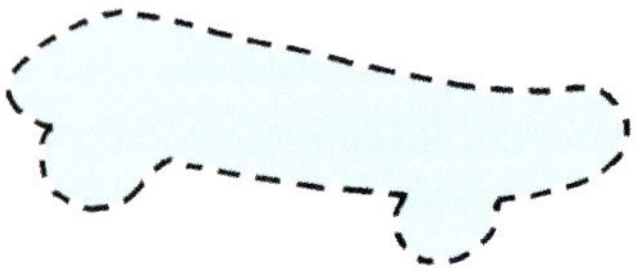

el monopatín

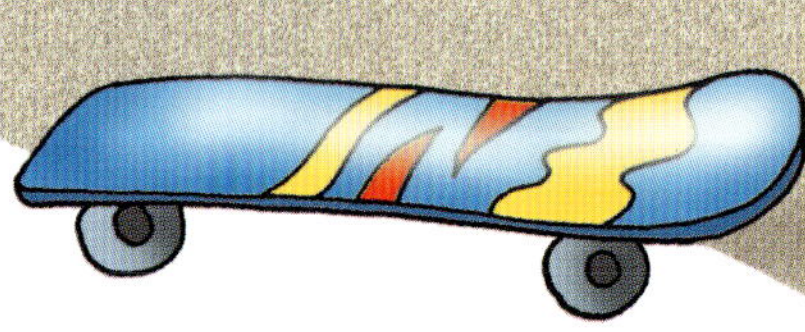

el camión

el camión de los bomberos

el timbre

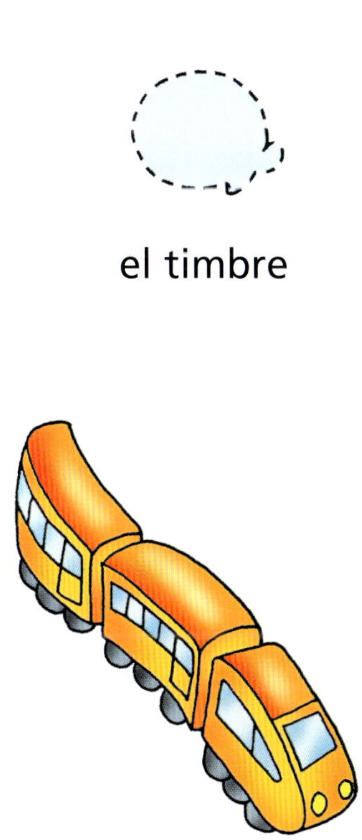

el arbusto

En el jardín

¡A Pedro y a Susana les gusta mucho estar en el jardín!
¿Cuántas mariposas ves?
Encuentra las mariposas y coloréalas con tus colores preferidos.

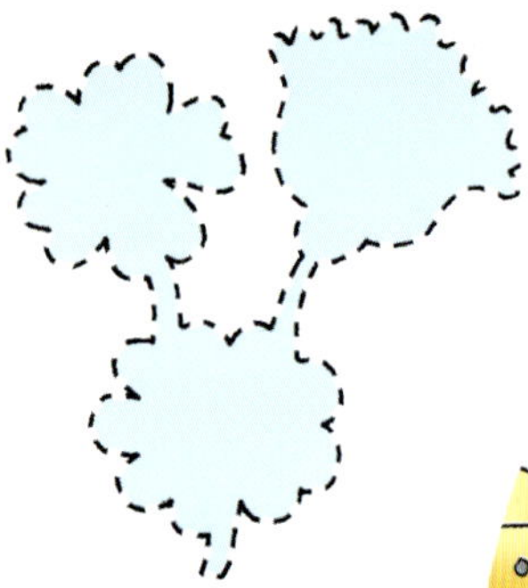

las flores

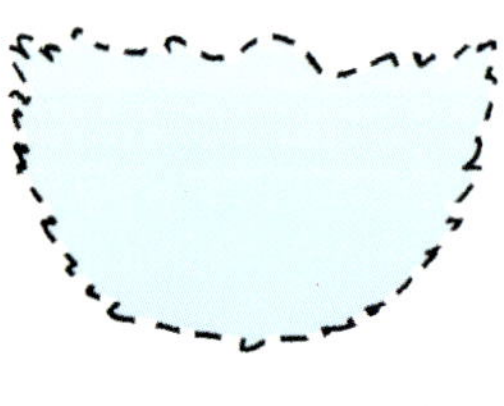

el nido

la mariposa

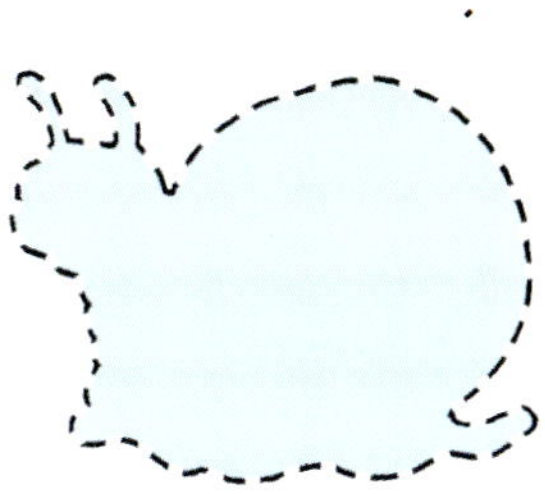

el caracol

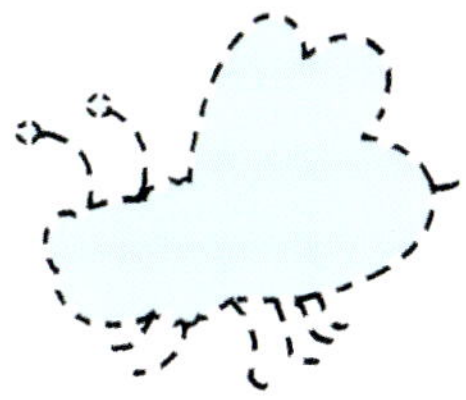

la abeja

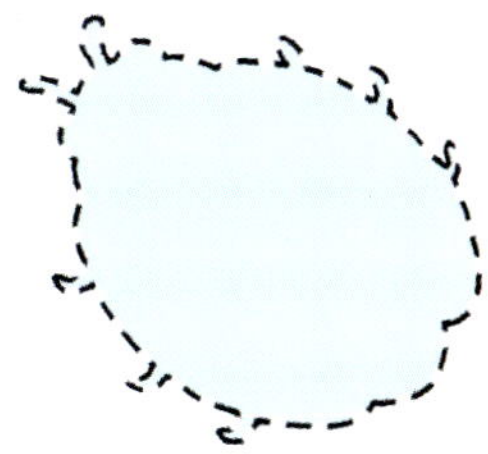

la mariquita

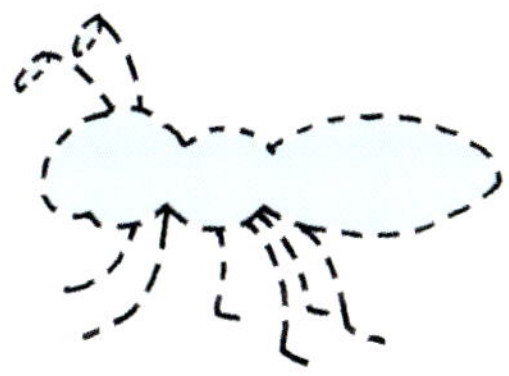

la hormiga

el gusano

¿Has pegado las palabras en su lugar correspondiente? ¡Compruébalo aquí!